LE RÉVÉREND

# PÈRE BABAZ

DE LA COMPAGNIE DE JÉSUS

PAR

Mme CLAUDIUS LAVERGNE

PARIS

SOCIÉTÉ ANONYME DE PUBLICATIONS PÉRIODIQUES
13, QUAI VOLTAIRE, 13

1883

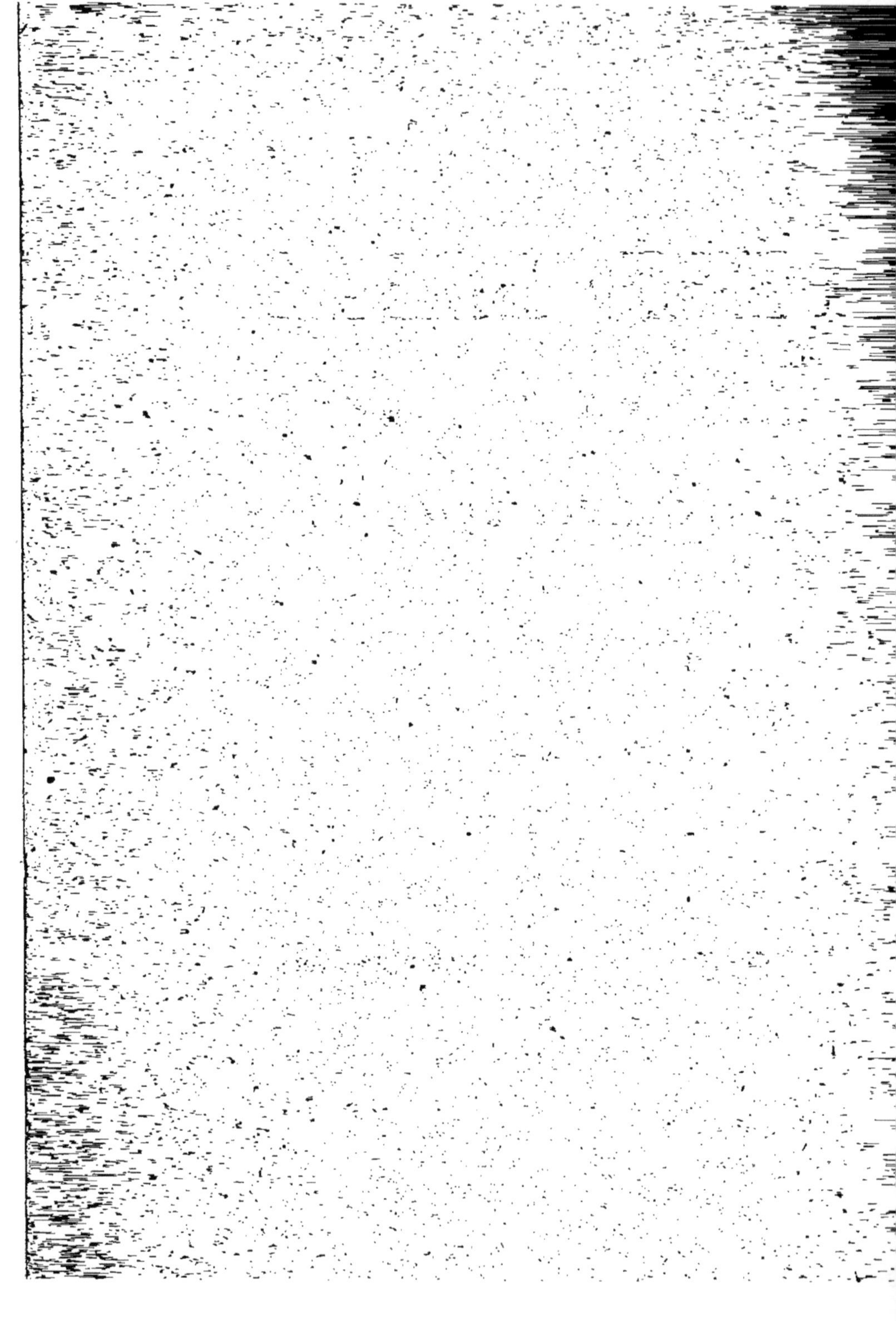

LE RÉVÉREND

# PÈRE BABAZ

PARIS. — IMPRIMERIE P. MOUILLOT, 13, QUAI VOLTAIRE. — 43832.

# LE RÉVÉREND
# PÈRE BABAZ
## DE LA COMPAGNIE DE JÉSUS

PAR

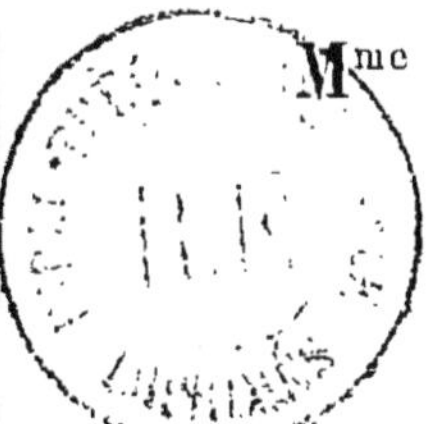

Mme CLAUDIUS LAVERGNE

PARIS
SOCIÉTÉ ANONYME DE PUBLICATIONS PÉRIODIQUES
13, QUAI VOLTAIRE, 13

1883

## LE RÉVÉREND

# PÈRE BABAZ

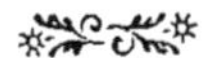

### I

Le très excellent et spirituel jésuite à qui l'*Univers* et la *Décentralisation* consacraient, il y a peu de temps, des articles nécrologiques dont le seul défaut était d'être trop courts, le R. P. Babaz, ex-professeur de philosophie au collège de Mongré, fut l'un de nos meilleurs amis. Pourtant nous ne l'avions vu qu'une seule fois, une seule, s'asseoir à notre foyer; mais cette entrevue succédait à plusieurs années de correspondance. Depuis longtemps déjà nous nous étions rencontrés en esprit dans ces régions idéales où il fait si bon s'aller distraire et reposer quand la journée de travail est finie. C'était lorsque M. Louis Veuillot reproduisit dans l'*Univers* le délicat chef-d'œuvre intitulé : le *Vol des Araignées*, que ma correspondance avec le P. Babaz avait commencé. D'abord purement littéraire, elle ne tarda pas à devenir très amicale. J'osai le consulter sur certains scrupules d'écrivain. Il m'encouragea, me gronda parfois, et, voyant ses critiques encore mieux accueillies que ses éloges, prit plaisir à me donner des conseils. Je ne saurais assez dire avec quelle indulgente bonté, quelle grâce et quelle franchise !

C'était un maître en l'art d'écrire. Si la

Providence eût permis que les loisirs et l'indépendance nécessaire lui eussent été donnés, les livres du P. Babaz auraient certainement illustré son nom. Une part meilleure sans doute pour l'autre vie lui fut imposée en ce monde, part de sacrifice et d'obscur dévouement. Il sut l'accepter, la bénir, et content de ce que voulait Dieu, s'appliqua de toutes ses forces à être un bon religieux, un professeur chéri et respecté de ses élèves, un vrai soldat de la compagnie de Jésus, en un mot.

Jean-Marie Babaz était né le 11 février 1823, à Saint-Jeoire, en Faucigny (Haute-Savoie), où son père François Babaz et sa mère Péronne Génin vivaient dans une aisance laborieuse, et donnèrent à leurs dix enfants l'exemple de toutes les vertus chrétiennes. Dès sa petite enfance, Jean-Marie fut la joie et le charme du foyer paternel; sa douceur, sa précoce intelligence et un courage et une gaieté qui restèrent sans ombre et sans déclin jusqu'à la fin de sa vie, le faisaient aimer de tous. Il étudia d'abord chez l'abbé Girod, curé d'Entremont, ami de sa famille, puis au pensionnat de Mélan, dirigé par les PP. jésuites, et où il remportait chaque année presque tous les premiers prix. A la fin de ses classes et alors que parents et amis s'attendaient à le voir partir pour Turin, où il devait faire son droit, il prolongea ses vacances, et doucement, à force d'affectueuses instances, obtint de ses parents la permission de renoncer à toutes les espérances que lui offrait le monde. Le 18 novembre 1841, il entra au noviciat des jésuites, à Mélan, et s'y distingua par une ferveur et des austérités dont ses supérieurs durent, à grand'peine, modérer les excès. Successivement professeur à Chambéry, à Iseure, à Alger, à Mongré, etc., il sut toujours ajouter aux travaux de son brillant et fructueux enseignement l'appoint des œuvres charitables et de l'apostolat. Dieu seul sait combien d'aumônes ont passé par ses mains, et tout le bien qu'il a fait soit à nos soldats en Algérie et pendant la guerre de 1870-1871, soit aux pauvres, et à tous ceux qu'attirait sa parole entraînante! Jour et nuit dévoué au service du prochain, sa seule récréation était de s'occuper des abeilles, et comme le saint évêque de Genève, son compatriote, il aimait à parler d'elles et tirait mille comparaisons charmantes des travaux et des perfections de ces merveilleuses petites créatures. A Mongré, ses ruches, ses chères ruches (maintenant détruites, hélas!) lui fournirent l'occasion d'écrire un chef-d'œuvre, la *Cave des apiculteurs.*

« Un apiculteur, disait-il, n'est pas tout à fait un homme comme un autre. C'est un homme essentiellement passionné d'abord; et quiconque s'est un peu familiarisé avec les abeilles, les a vues de près, fréquentées, soignées surtout, est un homme pris; il n'a pas seulement pour elles une affection quelconque, mais une passion véritable, douce, calme, il est vrai, sans violence, mais sincère et profonde, inépuisable surtout en plaisirs purs et tendres préoccupations de toute sorte. C'est avec elles une lune de miel perpétuelle (1). »

(1) *La Cave des apiculteurs*, p. 21. Cette plaquette et la brochure *le Vol des Araignées* se trouvent à Villefranche (Rhône), Grande-Rue, 155, chez Pinet.

Ses abeilles l'amenèrent parfois à faire quelques petites folies. Écoutons-le raconter l'une d'elles :

« Je m'amusais assez volontiers dans les commencements à donner à manger aux abeilles sur ma fenêtre, et j'en rapportais souvent du rucher trois ou quatre pour les regarder tout à mon aise faire leur petite charge, examiner, montre en main, par exemple, combien de temps elles mettraient pour retourner à leur ruche, à se décharger, à revenir, et mille autres petites curiosités de ce genre.

« D'abord, je ne vis pas sans admiration qu'au lieu de retourner étourdiment chez elles après avoir bien mangé, elles notaient au contraire très soigneusement l'endroit pour y revenir. Voici comment elles s'y prenaient. Au lieu de s'envoler directement tout d'un trait, elles s'arrêtaient après un premier élan, à un mètre environ de l'objet servi, se retournaient contre la fenêtre, examinaient bien attentivement tout en se balançant, d'abord de haut en bas, puis de gauche à droite, et faisant pour ainsi dire en l'air *le signe de la croix;* puis elles partaient à tire d'ailes dans la direction du rucher, pour reparaître bientôt après, non plus seules, cette fois, mais accompagnées de plusieurs autres qu'elles avaient débauchées en route et engagées à les suivre : de sorte qu'à chaque voyage le nombre augmentait, pour ainsi dire, en proportion géométrique, surtout si c'était du miel qui fût servi. Car le miel, c'est leur régal suprême, leur friandise par excellence; servi en plein air, il a le privilège de les rendre presque folles; il les enivre, les grise de cupidité et les rend forcenées, pétulantes, tout à fait ingouvernables.

« Toutes les fois donc que je servais du miel sur ma fenêtre, j'étais sûr de les voir arriver bientôt par centaines. Après avoir commencé à être 3 ou 4, elles étaient rapidement 10, 20, 50..., puis l'affluence devenait tout à coup si formidable et prenait un caractère si alarmant que, effrayé moi-même des suites, je me hâtais bien vite de plier bagage, de rentrer les vivres et de fermer exactement ma fenêtre. Encore n'en étais-je pas quitte pour autant, ni à si bon marché. Car ces petites bêtes, exaspérées, comme j'ai dit, par les enivrantes vapeurs du miel et persuadées, on ne sait comment, qu'il devait y en avoir par là, s'acharnaient à faire le siège de ma fenêtre, mais avec une ténacité et une persévérance incroyables. Abrité derrière les vitres, je les voyais, je les entendais surtout, non sans quelque anxiété, murmurer, bourdonner, s'agiter comme des furieuses, chercher en frémissant à s'insinuer par les moindres fissures, miauler de rage de ne pouvoir y réussir, peser, en un mot, contre ma fenêtre, avec la fureur d'une rafale en délire, ou comme une eau impatientée, qui veut absolument filtrer à travers un barrage.

« Le pis était malheureusement que, désespérant à la fin de pénétrer chez moi, mais trouvant d'autres fenêtres ouvertes, elles s'y engouffraient comme des furies, et apparaissaient tout à coup aux regards ahuris de mes studieux voisins, qui, moins familiarisés que moi avec ces petites bêtes, et moins aguerris contre les piqûres, se hâtaient bien vite, on le comprend, de jeter leurs livres et de déserter leurs chambres, mais pour tomber tous chez moi et m'assaillir de leurs unanimes réclamations. Car ils ne perdaient pas leur temps cette fois à philosopher sur les causes, et savaient bien vite à qui s'en prendre de cette intolérable agression. De sorte que je me trouvais alors dans une position aussi critique qu'embarrassée ; du côté de la fenêtre, une nuée d'abeilles acharnées à en faire le siège ; du côté de la porte un corps entier de respectables professeurs, tous l'œil ému, la voix légèrement altérée, protestant hautement contre mes entreprises et le trouble apporté à leurs pacifiques habitudes ; et moi, entre deux, muet, interdit, confus, presque consterné de ce que je venais de faire, ne sachant que dire ni que répondre devant le flagrant délit. Il n'y avait pourtant bientôt guère d'autre remède que de prendre le parti d'en rire, et de promettre, pour ma part, un sérieux amendement pour l'avenir. Mais l'oubli, la tentation, le retour de quelque accès de curiosité incorrigible.... et, par-dessus tout, la faiblesse d'apiculteur, plus grande encore, s'il est possible, que la faiblesse humaine, ne laissaient pas, malheureusement, durer ces bonnes résolutions autant qu'elles auraient dû : et quand je croyais tout oublié, j'étais bien près de recommencer (1). »

En lisant ces pages charmantes, d'une langue si harmonieuse, d'une peinture si vivante, on pourrait supposer qu'elle furent, avant d'être fixées par l'impression, tra-

(1) Id. p. 31 et suivantes.

vaillées, relues, vingt fois remises sur le métier; mais il n'en était rien. Le P. Babaz écrivait comme Mozart improvisait sur le clavecin, sans effort ni recherche. J'en ai la preuve entre les mains. Les nombreuses lettres que je possède de lui, lettres écrites à la vanvole, dans les rares intervalles que lui laissaient ses fonctions de professeur, de prédicateur et d'aumônier, ces lettres tracées si vite que les caractères fins et entassés s'y réduisaient quelquefois à des proportions plus que minuscules, ont toutes les mêmes perfections de style que sa prose imprimée; partout se retrouve la même limpidité, la même harmonie, le même tour original et imprévu. Aussi quelle fête quand nous les recevions! Nous les lisions le soir, en famille, et on les écoutait comme on écoute une musique délicieuse.

Nous nous promettions toujours d'aller voir les ruches du P. Babaz, à Villefranche. Chaque saison le projet se renouvelait et chaque année il s'ajournait. Nous étions au bord de la mer, en Normandie, lorsqu'une lettre du bon père nous arriva d'Alger. C'était son premier exil, exil qui devait se renouveler plus douloureusement quelques années après. Il m'écrivait :

« Me voici donc transporté à Alger, sur le bord de la mer (il n'y a qu'une chaussée qui m'en sépare), et cependant je ne la vois pas du même œil que vous : est-ce peut-être parce que je suis « transporté », synonyme adouci du forçat d'autrefois ? Il y a un peu de ce sentiment. On trouve *naturellement* la Méditerranée bien large quand elle vous sépare et pour longtemps des mille « riens » qui vous attachaient. Et puis, l'étendue que j'en ai sous les yeux a vu tant de misères, tant de cruels déchirements et de désespoirs, qu'elle me semble toute composée des pleurs versés par les millions de captifs débarqués pendant des siècles dans ce petit port vieux et noir, horrible à voir! Oh! que vous êtes heureuse, vous, d'habiter un vieux pays chrétien, où tous les souvenirs, que vous savez si bien démêler de la rouille actuelle qui les recouvre, sont purs, lumineux, gracieux, réjouissants pour le cœur! C'est tout le contraire dans les pays infidèles où reverdissent aujourd'hui quelques rameaux chrétiens. L'aspect de la population d'Alger, en général, est navrant. On y voit toutes les saletés, toutes les dégradations, toutes les misères humaines, et pas un sur cent qui croie en Notre-Seigneur Jésus-Christ, ou qui le connaisse. Vous allez me trouver bien malheureux, ma chère dame, et me plaindre à chaudes larmes. Faites-le un moment pour m'envoyer la consolation de lire votre volume, mais ensuite détrompez-vous dans l'intérêt de la vérité et pour ne pas pleurer quelqu'un qui a retrouvé ici son plus vieil et plus cher ami (1), puis beaucoup d'autres encore, et qui commence à s'acclimater parfaitement après avoir sué et sué et voulu boire la mer et ses poissons pour se désaltérer... »

Le climat africain avait en effet rudement éprouvé la santé du père Babaz. Il ne se plaignait jamais ; pourtant, une fois, en répondant à une question que je lui avais faite sur le degré d'avancement de l'ouvrage

(1) Le R. P. Perrollaz.

auquel il travaillait, il m'écrivit ceci : « Quant à l'*Homme*, auquel vous voulez bien vous intéresser, madame, il chôme pendant toutes les chaleurs. Je le reprendrai avec les fraîcheurs. Les circonvolutions du cerveau, ces *quenelles* avec lesquelles on pense, suivant certains physiologistes, peuvent y contribuer sous les climats tempérés ; mais sous le soleil d'Afrique, pendant les mois d'été, elles se fondent en une espèce de bouillie, que je défie bien les plus habiles matérialistes de faire penser. Elles fument, et voilà tout, la croûte supérieure du vol-au-vent fume aussi, en sorte que vous pouvez vous figurer quelle tête je fais ici. Oh ! que j'envie vos facultés si parfaitement équilibrées, maintenues dans la douce et fraîche atmosphère, tout embaumée d'art et de piété, de la rue d'Assas ! mais pourquoi envier? Dieu m'a loti bien au delà de mes mérites. »

Une autre fois il me disait : « l'*Homme* n'avance pas, l'*Homme* se traîne. Je ne puis pas faire *Homme* et bacheliers en même temps : c'est incompatible. Je veux cependant faire l'*Homme*. Obtenez-moi quelques lumières d'en haut, et renvoyez sur moi les rayons que vous ne voulez pas... »

Revenu en France, il reprit son travail, et m'écrivait de Marseille : « Vous me demandez des nouvelles de l'*Homme*. Il marche plus vite ici qu'en Afrique, mais j'ai bien envie de le planter là pour administrer une volée de bois vert à un malheureux qui vient de commettre, au nom de la « science », un crime plus impardonnable encore, à mon avis, que le crime de lèse-majesté divine et humaine. Jugez-en ! Au nom de cette satanique bégueule qui l'a ensorcelé, il déclare le cœur de l'homme !... et le sacré Cœur de Jésus! absolument insensibles. Ce ne sont que des pompes aspirantes et foulantes, des muscles comme les autres, etc... Il vous dégoise cela avec un aplomb, un air satisfait, pédantesque, qui me donne des envies furieuses de sauter sur sa science et sur lui et de tout saccager. Je n'y résisterai pas, mais il me faut un imprimeur au cas où mes brochures passeraient à la censure..., car je veux traiter la question en brochures. D'abord la bêtise de la « science », c'est-à-dire de la physiologie, au nom de laquelle on vient établir ces sacrilèges impertinences. Puis je veux montrer ce que c'est que le cœur de l'homme; qu'il n'y a rien, dans toutes les œuvres de Dieu, de plus grand, de plus beau, de plus artistique, de plus sacré, de plus mal compris, etc... »

Qu'est-il advenu de ces projets? hélas, je n'en sais rien. L'expulsion rejeta de nouveau le P. Babaz en Afrique, et il est probable qu'il abandonna ses projets littéraires comme il avait quitté ses abeilles de Mongré, comme il avait vu éloigner de lui son cher et bien-aimé père Perrollaz; comme jadis il avait dû renoncer aux missions d'Amérique; et, plus tard, quitter ses chers pauvres des Petites-Sœurs, ces vieillards qui l'aimaient tant, — obéissant, non sans de profonds déchirements de cœur, mais en silence, et offrant tout à Dieu. « Je pique une tête dans la retraite pour essayer de me consoler », disait-il. Et on le voyait reparaître ferme et joyeux; mettant « cuire ses bacheliers » prêchant, confessant, sûr de bien faire, puisqu'il obéissait.

L'influence du P. Babaz sur les jeunes gens était très grande : comment n'eussent-ils pas aimé ce professeur tout dévoué à leur instruction et à leur salut, et qui savait au besoin prendre part à leurs jeux et les animer d'une si charmante gaieté ? Lorsqu'il emmenait les élèves d'Iseure en promenade au château d'Aubigny, quels jeux, quels chants, quels joyeux entretiens ! Les nobles châtelains d'Aubigny se complaisent encore au souvenir de cet hôte passager, et conservent précieusement les deux plaquettes du P. Babaz, seul mémorial tangible d'une main qui a tant semé, d'une voix qui savait si bien relever les cœurs et les remplir d'une sainte allégresse.

Parmi ses élèves, le nom du P. Babaz est resté cher et vénéré. L'un d'eux, qu'il aima entre tous, non seulement à cause de ses excellentes qualités, mais parce que M. Alfred M... était fils d'un ami très dévoué, et neveu d'un membre de la compagnie de Jésus,m'écrivait dernièrement :

« Le R. P. Babaz a professé pendant plusieurs années la philosophie au collège de Notre-Dame de Mongré... Son cours, de la durée d'une heure et quart, débutait toujours par une interrogation sur les cours précédents, interrogation qui amenait habituellement une discussion fort animée de part et d'autre entre le professeur et les deux ou trois élèves dont l'esprit d'opposition et aussi l'intelligence plus ouverte aux choses de la philosophie prêtaient à ces tournois. Le maître frappait d'estoc et de taille, et les adversaires, promptement à bout d'arguments, lui laissaient le plus souvent la parole pendant la seconde partie du cours. Émerveillés, comme tous les autres auditeurs, ils écoutaient, muets et vaincus, cette parole incomparablement facile, développant dans la plus brillante improvisation les conceptions d'un esprit audacieux, mais sûr et profond. La hardiesse de la forme ne le cédait en rien à l'apparence parfois étrange des théories, et sous cet aspect invraisemblable à des étudiants de dix-huit ans, la philosophie apparaissait moins sévère, moins aride, et la vérité éclairait plus aisément les intelligences. C'était chaque jour le même entrain, la même verve de la part du professeur et des élèves, sans que jamais le temps parût long ni aux uns ni à l'autre.

« Le libéralisme, en matière de discipline, semblait devoir être la loi de cet enseignement familier, mais une infraction au silence et à la tenue se produisait-elle par hasard, le coupable, aussitôt aplati sous une grêle de sarcasmes et d'épithètes inouïes, devenait la risée de tous; et se faisait tout bas à lui-même le serment de ne plus s'y laisser prendre. Un interrupteur plus osé s'attaquait-il à la doctrine en formulant une objection directe? L'imprudent, bientôt réduit au silence par une logique serrée, ne sortait pas lui-même intact du combat qu'il avait provoqué. Après la réplique victorieuse du philosophe, l'esprit si vif et si caustique du P. Babaz, en guise de conclusion, s'exerçait sans miséricorde sur le contradicteur : de toute part, alors, des rires éclatants, des bravos enthousiastes, couvraient la dernière plaisanterie. Certains jours, même, quelques audacieux cherchaient-ils à répliquer sur le même ton et s'essayaient à défendre et à relever le vaincu; alors, sans s'émouvoir, et sans aucun effort, le P. Babaz clouait sur place deux ou trois adversaires, et cela d'un mot, d'une phrase, rapide et acérée comme une flèche, et l'auditoire dompté, ravi, lui faisait une bruyante ovation.

« Le bruit de ces triomphes vint à troubler, certain jour, les autres classes du collège, qui, pourtant, n'avaient point lieu au même étage. Il y eut plaintes, réclamations.

« Le lendemain, le P. Babaz apparut à ses élèves armé d'une longue baguette qu'il appela sa gaule. Ce furent alors pires clameurs que la veille; mais, d'un geste, il imposa silence, et, baissant la tête et roulant de gros yeux par-dessus ses lunettes, il dit de sa voix de basse :

« — Il le faut, messieurs, puisque ma ménagerie dérange celle des autres !

« Il semble que l'on devait être loin, dans ce milieu, de l'austère gravité qui convient à l'étude de la logique, de la psychologie, de la théodicée et de la morale. La science, pourtant, n'y perdait rien, et les résultats de l'enseignement du P. Babaz en témoignaient dans tous les concours par les succès de ses élèves.

« Quelle était la doctrine de ce philosophe sorti des traditions actuelles du professorat et dédaignant tous les sentiers battus ? Pour établir ses idées personnelles, il procédait d'abord par élimination. C'étaient chaque jour des hécatombes de tous les systèmes philosophiques, depuis Platon et les anciens jusqu'à Descartes. Ce dernier avait surtout le privilège d'irriter le P. Babaz au suprême degré, et pas un cours ne se passait sans qu'il ne le gratifiât d'une volée de bois vert. Après Descartes ses disciples se partageaient les horions, Victor Cousin et ses admirateurs en avaient bonne part. Puis, après avoir guerroyé contre l'erreur et démoli les places ennemies, il recommandait à ses élèves d'« allumer les becs de gaz de leur intelligence », et il leur découvrait avec amour « l'immuable vérité ». Admirateur passionné d'Aristote, de saint Thomas d'Aquin, et de la philosophie scolastique, il nous instruisait et nous charmait à la fois par l'éblouissante richesse, l'enthousiasme et l'élévation de sa parole....

« La mort prématurée qui nous l'a ravi nous laisse un regret de plus. Que n'a-t-il du moins, avant de quitter ce monde, mis au jour le livre qu'il préparait depuis si longtemps, ce livre intitulé l'*Homme*, qui devait nous livrer toute sa pensée, tous les trésors de cette intelligence passionnément éprise de l'éternelle vérité! Dieu veuille que des mains amies, recueillant cet héritage, le sauvent de l'oubli, et nous donnent intactes les pages qu'il a laissées!... »

## II

Comme Jean de la Fontaine et bien d'autres, le P. Babaz aimait les contes, et j'avoue que je fus bien joyeuse du plaisir qu'il prit à lire les premiers récits que je lui envoyai manuscrits. Lorsque après plusieurs années d'hésitation, je me résolus à publier les *Neiges d'antan*, il fut un des premiers à qui je les offris, et j'attendais avec quelque inquiétude ce qu'il m'en dirait. J'attendis assez longtemps, plusieurs mois, et, enfin, je lui écrivis pour m'informer s'il les avait reçues. Voici ce qu'il me répondit d'Alger, en septembre 1877 :

« Laïssez-moi d'abord vous parler des *Neiges*. Je les ai lues enfin, ou plutôt j'en ai eu la *vision*, car c'en est une, de l'ordre naturel sans doute, mais qui m'a fait comprendre comment on doit être dans les autres : un spectacle qui vous prend, vous enlève à vous-même et vous tient là collé comme une huître, sans retour sur soi-même, enchanté, et ne donnant d'autre signe de vie qu'un petit mouvement de déglutition essoufflée, quand le flot de sirop a un peu duré. Encore n'est-ce qu'après que je me suis aperçu de tout cela et quand, revenu à moi-même, j'ai pu revenir aussi sur mon attitude et mes impressions. Sans compliment, vos *Neiges* sont délicieuses, et je ne suis point surpris des félicitations princières et royales qu'elles vous attirent. C'est un mets princier, et ces félicitations vous honorent moins que les nobles personnes qui les font. Aussi ai-je pris en grande estime toutes celles que vous me nommez. Je ne les estime pas seulement, *je les aime*, et voudrais de tout mon cœur, puisqu'elles ont un sentiment si délicat du beau, qu'elles fussent à la place marquée par leur naissance. Mais la France se passe la fantaisie de faire l'arbre fourchu et de projeter en haut tout ce qu'elle a de vil, en bas tout ce qu'elle a de grand. Espérons que cette position d'équilibre ne sera pas moins instable pour elle que pour les gamins qu'elle imite, et que tout reviendra à sa place. Vous serez alors, Madame, « l'aurore aux doigts de rose » qui éclairerez et charmerez ces hauts sommets. C'est votre vocation. Vous savez si bien peindre ce qu'il y avait d'exquis dans l'ancienne société française, à tous les degrés ; vous le rendez si aimable, si vivant, si présent ! Car on ne lit pas, on assiste, on voit, sans que personne vous dérange, ni auteur, ni soi-même, ni tapage de style, ni afféterie de métaphores, rien, absolument rien : c'est une vision, je le répète, ou, si vous voulez, une contemplation faite en perfection, selon la méthode de saint Ignace, avec afflux de grâce *ravissant*. A ce propos je vous conseillerais de supprimer dans une deuxième édition, trois petits passages. Le plus considérable, à la page 119, dans cette charmante *Fantaisie touran-*

*gelle*, depuis ces mots « *pourquoi non, lecteur incrédule ?...* » jusqu'à l'alinéa suivant : « *le 12 septembre, par le plus beau temps du monde...* »

« L'entre-deux nuit à l'impersonnalité qui me charme dans tout le reste du livre et en fait en grande partie la force et l'efficacité, à laquelle il faut tout sacrifier, ma chère et très apostolique dame. Peut-être faudrait-il en faire autant, et pour la même raison, de l'épilogue qui termine la *Fille du maître de chapelle* que j'ai relu une deuxième fois avec plus de ravissement encore que la première, parce que je comprenais mieux et que j'étais moins absorbé... Le troisième endroit m'échappe et ne consiste du reste qu'en une seule ligne terminée par cette apostrophe « mon cher lecteur », qui fait penser qu'il y a un auteur.

pendant qu'on déguste. Me permettrez-vous, pendant que je tiens le glaive et que je suis tout bouillant d'enthousiasme et de férocité, de vous signaler encore un sacrifice. — Oh! mais non, celui-ci... ce serait le sacrifice d'Abraham, et on n'aurait jamais osé le demander à une mère, disait une femme qui ne pensait pas à la sainte Vierge... C'est bien heureux pour vous, madame, car les *Fleurs d'août* y passeraient. Pardonnez-moi ce blasphème, il me fait peur à moi-même. Je le retire.

« Le reste est parfait et fera beaucoup de bien. Vous l'insinuez d'une façon si inévitable, si pénétrante, qu'il est impossible de lire votre livre sans se sentir meilleur, sans se complaire aux nobles et belles choses, et par conséquent se dégoûter du contraire en tout genre. Là, point de thèses, point de prédicateur, point de moraliste, point de morale même, rien que des faits parlants, une société choisie, au milieu de laquelle on vit tant que le livre dure ; et qu'on voit *tricoter* sa vie de tout ce qu'il y a de plus beau, de plus noble, de plus attendrissant (car, j'ai pleuré, madame, tout rocher que je suis), et vous voudriez qu'une nourriture si saine, consommée dans un bouillon de style si clair, si limpide, si appétissant, où tant d'*yeux doux* apparaissent, à la surface, ne fut pas salutaire et ne ravigotât pas les âmes dans ce qu'elles ont aujourd'hui de plus alangui, le cœur et les idées ! Remerciez Dieu et tremblez. Il vous a fait le tempérament d'une conteuse par excellence. A part certaines complaisances féminines à décrire la beauté des mains, des yeux, des cheveux, etc., on ne devinerait pas même le sexe de votre style. C'est une mixture de la perfection des deux : il est sobre, il est pur, il est élégant, vraiment tempéré. Il sort comme l'eau de roche, et personne, en le buvant, ne songe à la nymphe qui épanche ces nappes si fraîches et si intarissables. Oh ! la belle impersonnalité !...

« Les *Neiges* devaient rester pour moi sur la planche jusqu'en juillet, mais ce juillet s'est prolongé jusqu'en septembre. Voici comment. A peine délivré des bacheliers, je suis tombé à l'hôpital, non pas pour mon compte, mais pour remplacer l'aumônier militaire malade et parti pour nos missions de la Kabylie. J'ai bien emporté les *Neiges* dans mon exil, mais impossible de les lire. L'hôpital du Dey, à vingt minutes d'Alger, est un hôpital immense, rempli de soldats et même de civils, qu'il fallait assister, encourager, confesser, administrer, enterrer aussi, hélas ! Cent vingt infirmiers, seize sœurs de la charité. Jugez du reste. J'ajoute pour votre consolation que, depuis la fête de Pâques, l'usage de fréquenter les sacrements a pris parmi ces bons soldats, et que tous les dimanches il il y a un assez bon nombre de communiants parmi eux. Impatienté donc d'avoir toujours l'index engagé entre deux pages du livre interrompu, je l'ai prêté à un convalescent qui s'ennuyait et qui en a été si ravi que l'aumônier, à son retour, m'a prié de lui procurer les *Neiges* pour sa bibliothèque. Là-dessus, on m'enlève les trois quarts de moi-même, le P. Perrollaz, qui est rentré en France !.... Je pique une tête dans la retraite, durant huit jours, pour essayer de me consoler; et c'est au sortir de là, le 6 septembre, que je trouve votre lettre, dont je distinguerais l'écriture entre toutes celles de l'univers. Les *Neiges* étaient encore engagées à l'hôpital : je cours les chercher, et je les dévore en une journée.

« Le *Masque d'or* est bien joli.... Le *Clair de la lune* est un chef-d'œuvre d'invention, mais le *Mendiant de la reine* m'a fait pleurer. J'ai un grand faible pour lui. L'histoire de France est bien plus belle dans vos chroniques que dans les livres de nos libéraux, pires que les sans-culottes! Vraiment, vous rendrez un vrai service à la France, à la religion, au patriotisme, si vous consacrez votre talent à cette œuvre de restauration....

« ..... En voyant ce volume d'apparence si modeste rempli pourtant de si bonnes, belles et douces choses, je ne puis m'empêcher de le comparer à une *ruche* dont les rayons symétriques ont été construits par une seule mère abeille, avec le même art, la même délicatesse, et remplis de la même liqueur douce et vermeille, dont on fait gourmandise, sans se le reprocher, parce que, comme toutes les friandises naturelles prises sur place, fraises, cerises, miel, cela vient de Dieu et mène à Dieu..... »

« Vous faites bien de vous précautionner contre la vanité. Je suis même *fâché*, quand je pense au danger que vous ferait courir ce « poison subtil », que vous n'ayez pas commis dans votre vie quelque gros péché, bien gros, bien calibré, dont vous pourriez vous servir comme de lest à la cîme de ces flots où vous élèvent les souffles de la faveur populaire, car vous l'avez et elle vous porte aux nues. Apprenez au moins du voisinage de la voûte céleste et des astres si beaux qui la décorent, à porter comme eux vos atours *sans conscience*, avec ingénuité, comme vous faites : car vous croyez que c'est un sermon que je vous fais ; non, c'est un panégyrique. Je vois avec plaisir que vous reconnaissez simplement votre succès tel qu'il est, et il est grand, complet. C'est un premier encouragement que Dieu vous donne et qui vous excite très justement à travailler. Je vous l'ai déjà dit, c'est une vocation, un apostolat que vous avez là, et qui va très bien à une grand'mère qui a élevé une nombreuse famille et que Dieu excite maintenant à travailler à la réforme d'un grand nombre d'autres.

« Ne vous étonnez pas d'avoir plu à une foule

de gens dont vous n'attendiez rien de semblable. L'âme humaine est une pierre précieuse, un diamant d'une eau incomparable : la boue est autour, rarement à l'intérieur. Oh ! que de bons côtés dans les âmes les plus perverties et les plus mortes en apparence ! Il suffit d'en approcher l'étincelle sacrée, un sentiment, une vue, une idée, un objet quelconque qu'elles n'ont jamais rencontré, mais qui était fait pour elles, pour qu'aussitôt elles éclatent et se sentent ravies d'un amour qu'elles ne connaissaient pas. Voilà pourquoi vos jolis contes, vos saintes légendes ont plu à tout le monde; parce que tout le monde à une âme faite par Dieu sur son patron, et qu'on a beau la gâter, il en reste toujours à l'état latent une bonne partie saine. Suivez donc votre vocation, ma chère grand'ma-

man, et même votre instinct; très peu les conseils d'autrui... »

Quant à cette dernière recommandation, je me gardai bien de la suivre à la lettre, et j'eus grand soin de soumettre à M. L. A. et au R. P. Babaz le manuscrit d'une certaine préface que, sottement, je croyais bonne. Bien m'en prit, comme on le verra par la lettre que voici :

« Ma très honorée dame,

« Vous auriez bien fait de vous en tenir au premier jugement, celui de M. L. A. Vous vous seriez épargné une condamnation nouvelle, et à moi la peine de la porter. « La Cour confirme purement et simplement » et si elle connaissait la peine, il est probable qu'elle en appellerait *a minima*, tant elle trouve le cas pendable. Encore c'est moi qui vous fais cette « Cour » tout seul. J'ai jugé inutile de convoquer le R. P. Dulin. Il est absolument clair qu'il ne faut point de préface, la vôtre moins que toute autre. Vous n'y entendez rien, ce n'est pas votre métier ; filez la quenouille de vos légendes ; vous avez les doigts faits pour cela et la tête pleine de ce qu'il faut à votre fuseau. Mais en dehors de cela, je vous en prie, ne *doctorisez* point, vous gâteriez tout. — Comment ! aller dire aux moineaux que vous voulez prendre les ruses dont vous userez pour cela ! Voyez, mes petits, ceci est à telle intention, et cela à telle autre. Vous êtes maintenant bien avertis et bien bêtes si vous vous laissez prendre. — Cachez, au contraire, vos intentions et qu'on ne se défie pas de vous. Contez, grand'mère, contez comme si vous étiez toute seule, vous parlant à vous-même sans faire attention aux oreilles charmées qui vous écoutent. Les gens même finiront par ne plus vous voir, et il n'y aura plus que vos histoires qui parleront. Ce sera alors la perfection du genre et le maximum du profit, car c'est le profit moral en tout ceci qui doit vous préoccuper. Laissez le reste aux critiques. Voyez Homère, le divin Homère ! Malgré ses historiettes plus que *naïves* quelquefois, c'est un « hymne perpétuel à la vertu » qu'il chante. Où a-t-il parlé de lui et mis le public au courant de ses ruses ? Nulle part. Il ne dit jamais « *je,* » pas même « *je chante,* » comme Virgile. C'est un être impersonnel et son poème aussi... Mais quel effet moral pour les âmes mûres ! Chrétienne, imitez ce païen... (si tant est qu'il le fût), et laissez parler vos histoires sans nous donner de distractions. Que de brutalités vous m'auriez épargnées, si au lieu d'une préface, vous aviez fait un joli conte, un hymne à quelqu'une des perfections de votre cher Cl... ! Pardonnons-nous mutuellement et restons comme ci-devant... pour moi votre très dévot et très affectionné serviteur.

« J.-M. BABAZ, S. J. »

Là-dessus, et sans la moindre hésitation, la préface fut jetée au feu, et j'en avertis le bon père en le remerciant très cordialement. Il me fit l'honneur de n'en être point surpris, et m'écrivit quelques jours après l'*auto-da-fé* :

« Ma chère dame,

« J'étais sûr que vous recevriez avec

componction et humilité la grêle de mauvais compliments que je vous ai envoyés. Aussi n'ai-je pas craint de charger la dose et d'éliminer toute espèce de ménagements et adoucissements, sauf à y revenir plus tard, et je suis heureux que vous m'en fournissiez tout de suite l'occasion.

« Premièrement, vos théories sont fort justes, je n'en disconviens pas; elles le sont même tellement que j'en étais dépité jusqu'à l'exaspération, craignant me voir ôté par là le droit de les condamner et d'en demander la suppression. Qu'y manque-t-il donc? De la « barbe au menton de l'auteur », comme vous dites fort bien. Avez-vous jamais réfléchi au nombre infini de sottises que ce malheureux passe-partout autorise dans notre sexe et qu'il interdit salutairement au vôtre? Les préfaces en sont une. Dans une préface, on s'expose. C'est l'avant-scène d'un théâtre où M. le directeur vient dire au public son programme et recevoir ses admonestations. Je n'y voudrais pas même voir une femme en peinture sans triple voile.

« Tout ce qui vous est permis en tête de votre second volume c'est un *petit* mot comme dans le premier. Une gracieuseté à votre public comme vous savez si bien les faire et les dire. Voilà qui est féminin. C'est votre grand secret oratoire, la grâce ! Peste ! C'est presque comme cela que Dieu nous gouverne. Vous ne devez pas être trop humiliée de votre lot, et envier à la barbe l'appareil ambitieux des préfaces doctrinales. Homère, puisque vous me faites le grand plaisir de l'aimer, n'en a point fait, point de théorie, point de « poétique », et c'est chez lui pourtant que tous les théoriciens sont allés puiser, non seulement pour la poésie mais pour l'éloquence. On en fera autant chez vous pour la théorie des contes, si au lieu de la formuler vous-même en préface vous la pratiquez sans y penser.

« Tout à vous en N.-S.

« J.-M. Babaz, S. J. »

Citerai-je encore cette lettre qui nous fit tant pleurer, cette lettre de Marseille où il m'envoya des violettes cueillies dans les jardins de la Sion de Sainte-Marguerite, près des ruches que sœur Marie-Stella avait soignées dans son dernier printemps ? Cette lettre, où il nous racontait sa rencontre avec les bons vieillards qui l'avaient connue et disaient d'elle en pleurant : « Oh !

la bonne, la sainte, la charmante jeune religieuse ! — Non, je ne le ferai pas. Les choses intimes de l'esprit peuvent quelquefois supporter la lumière, celles du cœur demandent l'ombre et le silence.

S'il écrivait d'aimables lettres, le Père Babaz en recevait aussi, et celle que M. Louis Veuillot lui adressa le 13 août 1868 dut lui être bien précieuse. Il ne m'en avait rien dit, me donnant ainsi l'exemple d'une discrétion et d'une humilité que j'admire, qui me condamnent, mais que je me confesse absolument incapable d'imiter. Il faut être Jésuite pour atteindre cette perfection-là. C'est plus de trois mois après la mort du bon Père que j'appris l'existence de cette lettre, et que j'en obtins une copie. Elle peut être certainement comptée parmi les plus charmantes de son illustre auteur.

Au REV. PÈRE J.-M. BABAZ,

JÉSUITE

A Notre-Dame de Mongré, par Villefranche (Rhône)

Certes, mon Père, j'aime l'abeille, la bête libre et serviable, sauvage et policée, courageuse au travail et au combat, vivant dans les splendeurs de l'air, tirant le bon du beau et l'utile du pur, distillant le miel si loué de l'Esprit-Saint, forgeant la cire dont l'église fait si grand emploi, armée d'un dard cuisant, non mortel, c'est-à-dire qu'un journaliste qui pourrait ressembler à l'abeille, je n'hésiterais pas à l'appeler un bon garçon ; mais l'abeille se maintient et le journaliste se gâte.

Tels étaient mes sentiments pour l'abeille avant de vous avoir lu. Depuis que je vous ait lu, mon admiration n'a plus de bornes.

On sait toujours que Dieu fait bien ce qu'il fait et on l'ignore toujours. Vous m'avez introduit dans cette merveille et on ne lit pas souvent un livre de piété qui pousse si fortement à l'adoration. Dieu vous a fait pour décrire l'abeille. Je ne connais que quelques parties de votre *cave*, car je ne lis pas comme je voudrais. Je l'inspecterai avec soin au premier loisir. Ce sera un régal. Vous a-t-on dit que vous êtes maître écrivain? Si vous ne le savez pas, je suis bien aise de vous en donner la nouvelle. Il y a de l'abeille en vous. C'est simple, c'est léger, c'est ardent. Il y a ce joli bourdonnement dans le soleil de la bonne ouvrière qui chante en faisant son travail, et le miel qui est du miel et la cire qui est du feu découlent en abondance; et tout cela est parfumé du meilleur arome des fleurs et on sent que le dard ne manque pas.

Je suis bien content que vous vous sentiez de l'amitié pour moi, j'en ai beaucoup pour vous. Généralement le Jésuite m'est cher et je souhaite qu'il produise des chefs-d'œuvre; lorsqu'il s'y met c'est pour moi un triomphe personnel et j'en ressens une joie profonde. Vous m'avez fait passer par là; vous avez mis une flèche dans mon carquois. J'avais mes Jésuites martyrs, mes Jésuites théologiens, mes Jésuites mathématiciens, etc., etc., je tiens mon Jésuite naturaliste et apiculteur. Merci, mon Père. Mais il faut travailler et nous donner une série de ces petites bêtes qui font si bien le catéchisme. Ne perdons pas de vue nos fins et montrons partout le bon Dieu à cet imbécile monde qui ne veut le voir nulle part. Vos abeilles mèneront bien des gens à confesse, vos araignées en prendront plusieurs dans leurs filets. Lancez-les sur la terre avant qu'on ne vous guillotine, et quand nos nigauds viendront avec leur couperet, ils seront bien attrapés ; les abeilles et les araignées, qu'on ne guillotine pas, prêcheront à votre place.

Adieu, mon Père. Priez pour moi celui qui vous a montré les abeilles. Hélas ! que je fasse un peu de cire, un peu de miel. Et puissé-je passer une fois quelques heures avec vous, près des ruches, pour voir comme ces petites bêtes du bon Dieu font bien ce travail dont les grosses bêtes (j'en juge par moi) ont tant de peine à se tirer.

Votre bien respectueux et dévoué serviteur.

13 août 1868. LOUIS VEUILLOT.

## III

Les décrets d'expulsion portèrent au Père Babaz un coup dont il ne devait pas se relever. Son séjour à Oran avait achevé de ruiner sa santé : lorsqu'il revint en France en 1882, ses supérieurs l'envoyèrent respirer l'air natal, et il fut même question pour lui de rester dans ses montagnes afin d'y terminer son livre, l'*Homme*, mais de vieilles et chères amitiés le réclamèrent et il revint à Villefranche. Il ne pouvait rentrer au collège, ce bien-aimé collège, où il avait professé, pendant plus de quinze ans, et il fallait trouver un autre asile pour ses derniers jours. On le pria d'accepter les fonctions d'aumônier de l'Ouvroir, où une trentaine d'orphelines sont élevées par les religieuses de Saint-Joseph. (Le Père Babaz avait une nièce supérieure d'une de leurs maisons, à Annecy.) — Il se donna tout entier à ces humbles fonctions, heureux de vivre près de Mongré, près de cette maison des Petites Sœurs des pauvres, où, autrefois, il avait fait tant de bien. Il fut pour les orphelines ce qu'il avait été pour les vieillards, un père aux gâteries maternelles, le pourvoyeur de toutes les douceurs, de toutes les petites friandises si appréciées des enfants, des malades et des pauvres vieux. « Il quêtait à droite et à gauche, m'écrit un de ses amis, M. C. M.; malheur aux desserts qu'on lui offrait! Les plus belles assiettes prenaient bien vite le chemin de ses vastes poches. Bien que le séjour de Mongré lui fût interdit de par la loi de mars, le droit de se promener dans la propriété lui restait, et il en profitait avec l'assentiment du père Supérieur pour y pratiquer largement la *maraude*. Tous les fruits tombés devenaient sa proie, et, quand ses poches débordaient, il en remplissait..... son parapluie. ! — Mais la grande moisson se faisait après la cueillette. Il restait toujours une certaine quantité de fruits oubliés, et j'ai eu le plaisir, un beau jour, de l'aider à disputer aux plus hautes branches, les pommes égarées. Armé d'une gaule, je les abattais de mon mieux, pendant que le bon père les ramassait. C'était besogne agréable, je vous assure. La conversation n'y perdait rien : ce n'était qu'une occasion de plus pour le Père de donner essor à la gaieté, à la finesse de son esprit..... » Le Père Babaz sortait rarement sans visiter ou aborder quelques malheureux. Il s'entretenait avec eux et savait leur donner au besoin un secours spirituel en même temps qu'une aumône matérielle. Peu de temps avant sa dernière maladie, un marchand de châtaignes l'ayant insulté, il alla droit à lui, commença par lui acheter toute sa marchandise pour les orphelines de Saint-Joseph, puis causa si bien avec lui que, tout penaud et repentant, et se confondant en excuses, ce pauvre sot s'écria : « Oh, Monsieur le curé, pardonnez moi!.... je vous avais pris pour un Jésuite !

---

« Dieu, disait Ste-Chantal, ébauche ses saints sur le Thabor et les perfectionne sur le Calvaire ».

L'heure des grandes et suprêmes souffrances allait venir. Le 16 avril dernier, le Père Babaz faisait une instruction aux religieuses de Saint-Joseph lorsqu'il se sentit défaillir. Il se retint un instant à la table placée devant lui, puis tomba sur les genoux, sans voix, presque inanimé.

Les bonnes Sœurs, effrayées, envoyèrent demander du secours à Mongré. Le R. P. Recteur accourut bien accompagné. On transporta le malade sur son lit, la connaissance lui revint, il put être confessé, administré ; mais son état était désespéré, et on s'attendait à le voir expirer dans la nuit. Ses amis du dehors, bientôt avertis, l'entouraient, désolés. Les prières les plus ferventes étaient faites pour lui. Contre toute apparence, il revint lentement à la vie, mais ce fut pour subir de longues et cruelles souffrances.

Le P. Recteur devinant ce qui pourrait les alléger, fit transporter le malade à Mongré. Jamais bienfait ne fut mieux apprécié ; le P. Babaz l'en remercia dans des termes si émus, si touchants, que le bon P. Recteur ne put retenir ses larmes.

On installa le P. Babaz dans une chambre d'où sa vue pouvait s'étendre sur le parc et le riant coteau de Buisante, sur cet espace où il s'était tant complu jadis à observer le vol des araignées et l'industrieuse activité de ses chères abeilles. Bien qu'il eût repris l'entière possession de ses facultés intellectuelles, la faiblesse de ses jambes qui se couvrirent de plaies douloureuses, et une oppression constante, ne lui permettaient plus d'autre mouvement que de se traîner péniblement de son lit à la fenêtre. Les yeux souvent fixés sur une image du Sacré-Cœur où étaient tracées ces paroles de N.-S. à la B. Marguerite-Marie : *Je serai ta force, je suppléerai à tout ce qui te manque*, patient, gracieux, reconnaissant des soins dévoués qui l'entouraient, il écoutait venir la mort avec une confiance et une sérénité qui l'étonnaient lui-même, et faisaient l'admiration de tous ceux qui l'approchaient. Jamais personne ne pratiqua mieux les conseils donnés aux malades par St-François de Sales, dans ce langage pénétrant et imagé dont le P. Babaz aussi possédait le secret :

« Quand vous serez malade, offrez toutes vos douleurs, peines et langueurs au service de N.-S. et le suppliez de les joindre aux tourments qu'il a reçus pour nous. Obéissez au médecin; prenez les médecines, viandes et autres remèdes pour l'amour de

Dieu, vous ressouvenant du fiel qu'il a pris pour l'amour de nous; désirez de guérir pour lui rendre service; ne refusez pas de languir pour lui obéir; et disposez-vous à mourir, si ainsi il lui plaît, pour le louer et jouir de lui. Ressouvenez-vous que les abeilles, au temps qu'elles font le miel, vivent et mangent d'une munition fort amère et qu'ainsi nous ne pouvons jamais mieux composer le miel des excellentes vertus que tandis que nous mangeons le pain d'amertume et vivons parmi les angoisses. Et comme le miel qui est fait des fleurs du thym, herbe petite et amère, est le meilleur de tous, ainsi la vertu qui s'exerce en l'amertume des plus viles, basses et abjectes tribulations, est la plus excellente de toutes. » (Intr. — Ch. III).

Enfin l'épreuve s'acheva, et le Père

s'endormit doucement en murmurant une invocation au Sacré-Cœur. C'était le 27 août 1883, trois jours après celui où tant de royales et patriotiques espérances furent anéanties. La nouvelle de l'immense malheur qui venait de frapper la France fut le dernier bruit du monde qui parvint à notre bon Père.

Ses amis avaient espéré qu'il reposerait dans le caveau funéraire du collège de Mongré. C'était compter sans la persécution d'outre-tombe, et il leur fallut voir encore exiler après sa mort celui qui était revenu mourir auprès du tombeau de ses frères.

Il avait vécu un peu plus de soixante ans. Sa robuste constitution semblait promettre qu'il atteindrait, comme son père et sa mère l'avaient fait, un âge beaucoup plus avancé. Devions-nous le lui souhaiter?...

Bon père Babaz, vous vous plaisiez, au déclin du jour, à voir vos abeilles, d'un vol légèrement alangui par la miellée, se hâter de revenir aux ruches pour y serrer leur récolte et s'abriter elles-mêmes avant la tombée de la nuit. Heureuses abeilles ! plus heureuses encore les âmes qui ont pu comme elles accomplir leur tâche avant le coucher du soleil, et s'envolent vers la patrie sans avoir connu le poids de ces heures du soir, heures obscures et glacées, dont chacune nous enlève une joie, une force, une espérance, — et, souventes fois, hélas ! — bien plus encore..... un ami.

IMPRIMÉ
par
P. MOUILLOT
à
PARIS

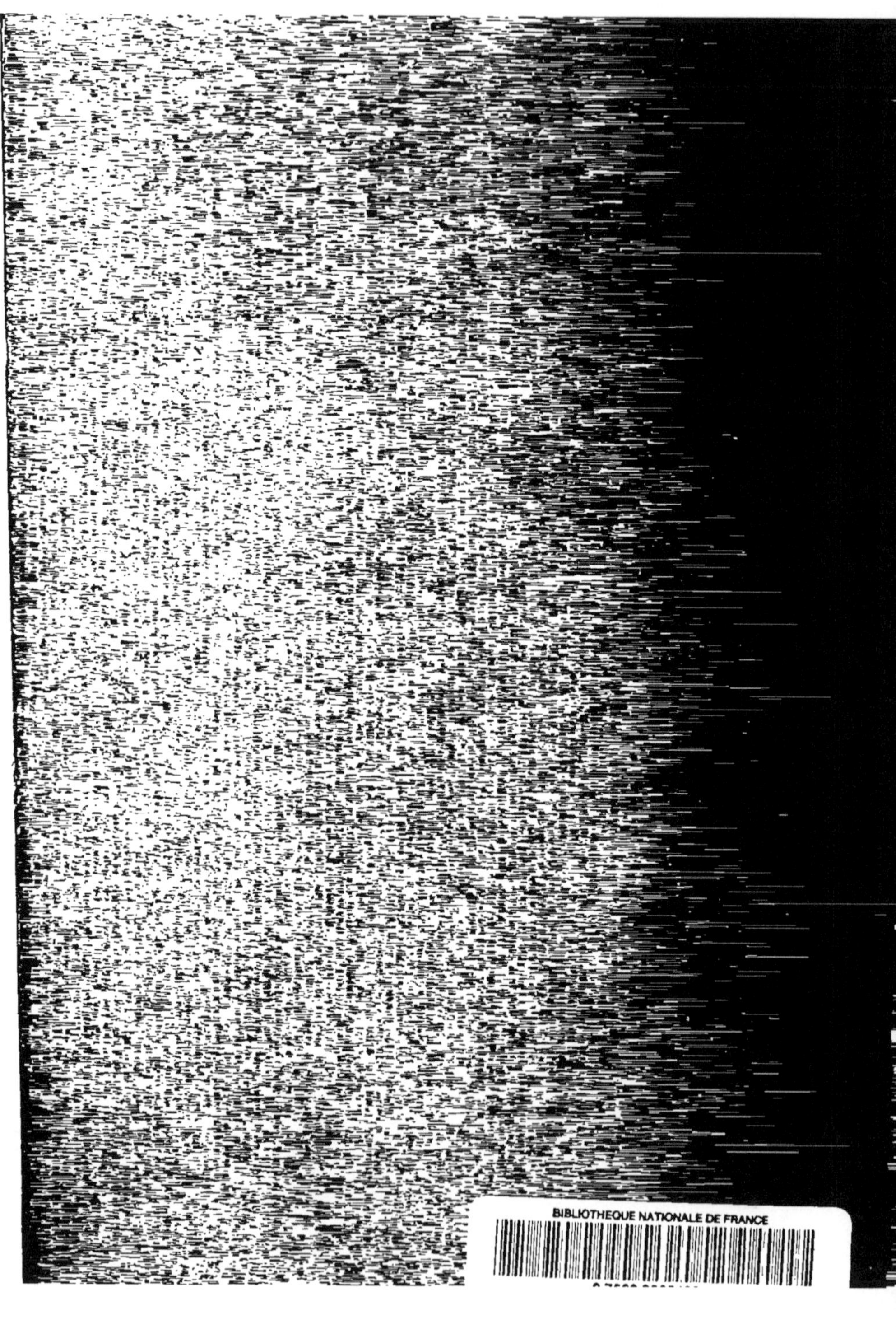

www.ingramcontent.com/pod-product-compliance
Ingram Content Group UK Ltd.
Pitfield, Milton Keynes, MK11 3LW, UK
UKHW021008200726
13857UKWH00004B/1344